OPINION

DE

M. CONDORCET,

Sur les mesures générales propres à sauver la Patrie des dangers imminens dont elle est menacée.

PRÉSENTÉE

A L'ASSEMBLÉE NATIONALE,

Le 6 Juillet 1792.

IMPRIMÉE PAR ORDRE DE L'ASSEMBLÉE NATIONALE.

———

A PARIS,

DE L'IMPRIMERIE NATIONALE.

1792.

OPINION

DE

M. CONDORCET,

Sur les mesures générales propres à sauver la patrie des dangers imminens, dont elle est menacée;

PRONONCÉE

A L'ASSEMBLÉE NATIONALE,

Le 6 Juillet 1792.

MESSIEURS,

De nouveaux dangers menacent la liberté et la constitution : mais vous trouverez dans votre amour pour la liberté, et dans la constitution même, le courage et les moyens dont vous avez besoin pour conjurer l'orages, ou pour y résister.

A

La liberté, l'égalité, sont les droits du peuple français : la constitution a réglé la manière dont il doit les exercer ; mais elle seroit incomplette si elle n'avoit donné aux représentans de la nation l'autorité suffisante pour défendre ces droits, quelque soit la main qui ose les menacer ou les attaquer, si elle n'avoit placé le pouvoir de la loi entre l'oppression et l'anarchie. Une loi irrévocable qui empêcheroit d'agir lorsque l'action est évidemment nécessaire, et qui ne laisseroit à la volonté nationale aucun moyen de se manifester quand le salut public exige qu'elle prononce ; une telle loi seroit une absurdité, et une véritable tyrannie. Entendre dans ce sens les articles qui fixent les limites des pouvoirs constitutionnels, c'est donc calomnier la constitution et non la respecter ; c'est attribuer à ses auteurs des intentions dont la reconnoissance ne permet point de soupçonner la majorité de l'Assemblée constituante ; c'est supposer qu'elle a voulu détruire son ouvrage et flétrir sa gloire. Laissons donc de vils sophistes chercher à corrompre la pureté de l'acte constitutionnel par leurs serviles interprétations, et vouloir en tirer le code de l'esclavage ; mais nous, qui, en jurant de le maintenir, avons aussi juré de défendre l'égalité et la liberté, nous ne devons l'entendre que dans son véritable sens, dans celui qui peut convenir à des hommes libres.

Toutes les fois qu'une loi peut être équivoque, un principe consacré par le consentement universel, comme par la raison, ordonne de préférer le sens qui s'accorde le mieux avec l'ordre naturel des choses, ou les règles générales de la justice. Ainsi, dans l'application des lois criminelles, s'il y a doute sur la peine, on choisit la plus douce, non-seulement par humanité, mais parce qu'une peine ne peut être juste si elle n'est pas formellement prononcée. Ainsi, la clause équivoque d'un testament s'explique en faveur de l'héritier naturel. Mais ici l'ordre naturel est que la puissance nationale réside entre les mains des représentans élus du peuple. Toute limitation à leur pouvoir, toute exception doit donc être formellement exprimée par une loi à laquelle la volonté même du peuple les ait soumis. Les autres pouvoirs n'existent que parce qu'ils ont été créés par une loi antérieure, et en vertu de cette loi : l'Assemblée des représentans élus du peuple est un pouvoir, par cela seul qu'elle existe, que les citoyens ont librement conféré à ses membres le droit de les représenter.

Ainsi les autres pouvoirs ne peuvent légitimement agir s'ils ne sont spécialement autorisés par une loi expresse ; et l'assemblée des représentans du peuple, au contraire, peut faire tout ce qui ne lui est pas formellement défendu par la loi. Dans les cas douteux, s'il est nécessaire de prononcer parce qu'il est nécessaire d'agir, c'est encore à elle seule que peut appartenir le droit d'interpréter la loi même qu'elle ne peut changer, à moins qu'une autre loi n'ait réglé le mode de cette interprétation. Autrement le peuple ne seroit pas réellement représenté, et l'exercice de la souveraineté nationale pourroit être suspendu. Autrement, dans les grands dangers de la patrie, tout dépendroit encore d'un seul homme, et la révolution n'auroit fait que varier les formes du despotisme. Autrement notre sort seroit encore entre les mains de la même cour, et elle n'auroit eu besoin que de changer son insolence contre le masque de l'hypocrisie. L'esprit de servitude peut seul contester ce principe : c'est une de ces vérités simples qu'il suffit d'exposer pour qu'elles soient universellement senties, et je ne ferai point à une assemblée composée d'hommes libres l'injure d'en développer les preuves devant eux.

Ainsi je ne vous proposerai que des moyens conformes à la constitution ; mais je n'oublierai point qu'en promettant de la maintenir, j'ai dû la regarder comme un système de lois conservatrices des droits du peuple, et non comme un instrument remis entre les mains du pouvoir exécutif pour anéantir la liberté.

Vous avez rendu trois décrets également nécessaires à la sûreté de l'empire et à la tranquillité publique ; et de ces trois décrets, l'un, devenu loi par la sanction, n'est pas exécuté ; les deux autres n'ont point été revêtus de cette formalité nécessaire, et sont restés sans effet.

Vous avez fait les plus grands efforts pour établir entre les deux pouvoirs ce concert sans lequel on ne peut espérer ni d'achever de mettre la constitution en activité, ni de maintenir la paix au dedans, ni de triompher des ennemis extérieurs, et aujourd'hui le patriotisme est devenu pour les ministres un titre d'exclusion.

Un système de corruption s'annonce d'une manière effrayante, et il sert également les ennemis de la patrie, soit en multipliant les instrumens dont ils peuvent se servir, soit en leur donnant le moyen d'nspirer d'injustes défiances contre ceux mêmes qu'ils ne pourroient séduire.

De nombreux conspirateurs vous investissent, et depuis ceux qui, du haut des tours de Coblentz, rappellent à grands cris l'ancien despotisme,

(5)

jusqu'à ceux qui, au milieu de Paris, arment contre vous leur zèle hypocrite des noms sacrés de constitution, de religion ou de liberté, tous s'accordent, lors même qu'ils semblent se faire la guerre, parce que ces hommes n'aspirent point à l'honneur d'avoir une opinion, mais qu'ils obéissent à un intérêt unique : celui d'anéantir le règne de la loi, pour y substituer l'empire de l'intrigue, et se le partager entre eux.

Enfin ces dangers en ont produit un nouveau non moins redoutable : l'agitation générale des citoyens, fruit nécessaire de leur juste mécontentement et de leurs inquiétudes, qu'il est impossible de blâmer, puisque les hommes les plus éclairés, comme les plus fermes, partagent ces inquiétudes ; puisque vous-mêmes les avez consacrées, en quelque sorte, par l'établissement d'une Commission extraordinaire ; puisque le cri qui s'est élevé de la capitale a déjà rétenti dans la France entière.

Et cependant une faction sème le trouble dans vos armées ; et l'ennemi s'avance, moins dangereux encore par ses propres forces, que par les intrigues des factieux et la stupidité ou la connivence du Ministère.

Je vais parcourir ces divers objets, et présenter sur chacun les refléxions que le zèle pour la liberté et pour le maintien de la tranquillité publique a pu m'inspirer ; car l'esprit général de la nation, la volonté universelle des citoyens a lié la paix à la liberté par un lien indissoluble. Les Français régénérés ne peuvent être tranquilles s'ils ne se croient assurés de rester libres ; la paix ne peut plus exister pour eux sans la conviction intime que la cause de la liberté n'est ni menacée

A 3

ni trahie. Qu'ils cessent d'avoir à craindre pour elle, et l'ordre public sera respecté, et les lois reprendront leur paisible empire.

Le licenciement de la ci-devant garde du Roi n'est pas effectué, et l'on assure qu'il existe un acte de sa volonté particulière contraire à sa volonté constitutionnelle, exprimée par la sanction; acte contre-signé par un individu sans caractère. Si cet acte existe, il est un crime; et je demande que le ministre de l'Intérieur soit mandé pour rendre compte de l'exécution de la loi, et de l'existence de l'ordre donné au nom du Roi et signé d'*Hervilli*.

Vous avez rendu un décret, dans l'intention d'arrêter les complots des conspirateurs fanatiques, d'appaiser les mouvemens excités par eux, ou contre eux, de rétablir la tranquillité qu'ils ont troublée, et qu'ils menacent de troubler encore.

Vous avez voulu qu'un camp de gardes nationales, placé entre Paris et les frontières, assurât la tranquillité générale de l'empire, et fût à-la-fois, et une ressource de plus contre les ennemis extérieurs, et une force contre laquelle tous les complots des conspirateurs viendroient se briser. Ces décrets n'ont pas été sanctionnés; et ce refus n'a pu être inspiré que par ce vil ramas de fanatiques et d'esclaves dont le Roi des Français est encore entouré. Mais songez que si la noblesse, le clergé, le Roi de Hongrie, la cabale de ce ministre sacrifié à votre juste indignation, les factieux de nos armées, tous vos ennemis, en un mot, ont des protecteurs jusque sur les marches du trône constituonnel, celui qui l'occupe est seul inviolable aux yeux de la loi; qu'il n'existe absolument aucune autre exception, et que vous pouvez dissipèr cette épaisse phalange qui s'est placée entre vous et lui, entre le trône et la vérité.

La constitution ne permet pas de présenter deux fois le même décret à la sanction ; mais vous pouvez y faire des changemens. Constans dans vos principes, fidèles à ce qu'exige le bonheur du peuple, soit que vous effaciez de vos décrets quelques taches qui auroient pu les déparer, soit que vous fassiez le sacrifice douloureux de quelques sages dispositions, votre franchise ou votre prudence vous donneront un titre égal à la reconnoissance des citoyens. Présentez alors ces décrets une seconde fois : s'ils sont refusés, montrez, par de nouveaux changemens et une condescendance nouvelle, que vous ne désespérez pas aisément de la chose publique ; et croyez que dans cette lutte inégale entre des hommes éclairés, animés de l'amour de la patrie, et des ministres ineptes ou corrompus, l'opinion nationale, fortement, universellement prononcée, aura bientôt emporté la balance.

Votre Commission extraordinaire doit vous présenter un nouveau projet de décret sur la répression des troubles religieux.

Déja le ministre de la guerre vous a proposé, au nom du roi, un rassemblement de gardes nationaux ; mais vous vouliez que ce rassemblement fût prompt ; et il en préfère un dont la lenteur, en exposant moins le ministre, équivaudroit presque à un refus absolu.

Vous vouliez que des gardes nationaux, appelés de toutes les parties de l'empire, vinssent, avant de se consacrer à sa défense, jurer sur l'autel de la patrie, de vivre libres ou de mourir ; vous aviez fixé l'époque du 14 juillet ; vous aviez voulu,

par cette auguste et touchante cérémonie , allu-
mer un nouvel enthousiasme dans les cœurs français ; mais on a craint cet enthousiasme , on a
craint qu'il n'en imposât à nos ennemis ; on a
craint que nous n'aimassions trop la patrie et la
liberté ; le temps s'avançoit , et l'exécution de ce
vœu alloit devenir impossible.

En vain , dans toutes les parties de l'empire , le
zèle des citoyens suppléoit au silence de la loi ;
en vain , profitant du droit de s'unir dans de fra-
ternelles cérémonies , s'empressoient-ils de voler
vers vous : un ministre , ennemi du peuple ,
osoit , de sa seule autorité , transformer en attentat ce noble patriotisme ; il ordonnoit aux
corps administratifs de poursuivre comme des
brigands ces braves citoyens qui venoient jurer
de maintenir la liberté , et qui marchoient pour
la défendre. Vous avez prévenu le crime : un sage
décret appelle ceux que le ministre repoussoit ,
et les citoyens de Paris ne seront point privés du
bonheur de s'unir , par de nouveaux liens , à leurs
frères des départemens. Décrétez maintenant ,
Messieurs , que le 14 juillet , vous vous rendrez
en corps auprès de l'autel de la patrie , pour y
jurer de maintenir la constitution , de ne jamais
consentir à aucune condition qui portât la plus
légère atteinte à cette égalité , base sacrée de la
liberté française ; enfin , de regarder comme un
traître quiconque oseroit proposer d'avilir devant
des forces étrangères la souveraineté du peuple
et l'indépendance de la nation. Invitez tous les
habitans de la capitale , tous les citoyens que
le patriotisme y aura rassemblés , à se réunir dans
les mêmes sermens : six cent mille voix les ré-
péteront autour de vous ; le même jour , à la

même heure, le cri, *vivre libre ou mourir*, retentira d'un bout de l'empire à l'autre, et fera pâlir sur leurs trônes et les tyrans et leurs complices.

Puisqu'on a voulu que la confiance n'existât plus entre vous et les agens du pouvoir exécutif, une surveillance active et journalière devient le premier de vos devoirs : ordonnez donc aux ministres de rendre compte à vos comités, jour par jour, de tous les ordres qu'ils ont donnés, de ce qu'ils ont fait pour assurer l'exécution de la loi.

On vous dira que par-là vous ralentissez la marche des affaires : mais ne vaut-il pas mieux que cette marche soit ralentie, que de se diriger contre la liberté ? On vous dira que vous asservissez le pouvoir exécutif ; et je répondrai que toujours libre pour le bien, mais réduit par cette surveillance à l'impossibilité de nuire, c'est l'accuser que de croire le servir en s'y opposant. On vous dira que c'est détruire la responsabilité : mais ces mêmes ministres ne rendent-ils pas compte à un roi inviolable de toutes leurs opérations ? n'agissent-ils pas en son nom ? et en restent-ils moins responsables ? Il seroit absurde sans doute d'exercer une telle surveillance sur des ministres qui auroient de justes droits à la confiance des citoyens ; mais elle est légitime, nécessaire même, à l'égard de ceux contre lesquels s'élèvent de légitimes motifs de défiance. Or n'en est-ce pas un contre les membres actuels du conseil, que d'avoir consenti à remplacer, ou à ne pas imiter les ministres que vous avez déclaré avoir emporté les regrets de la nation ? Ne seroit-ce point trahir la patrie que d'abandonner un seul instant à de telles mains le sort de l'empire ?

Oublierons-nous qu'une négligence, une inaction de quelques jours peuvent nous réduire aux plus cruelles extrémités? Formé par le parti de cet ancien Ministère qui vouloit nous amener à une transaction honteuse, en laissant à nos ennemis le temps de rassembler leurs forces, en négligeant de préparer nos moyens de défense, qui nous répond que le ministre actuel n'a point embrassé le même systême? Le retard de la formation d'un camp qu'il convient lui-même être nécessaire, n'a-t-il pas été jusqu'ici son unique opération? Quelles mesures a-t-il prises pour empêcher les troupes prussiennes, réunies aux émigrés, d'exécuter leur projet d'invasion? pourquoi a-t-il mieux aimé vous cacher ce projet, que de vous parler des moyens d'en rendre le succès impossible? Ces ministres n'ont-ils pas contre-signé et fait distribuer dans nos camps une proclamation artificieuse et inconstitutionnelle? n'ont-ils pas refusé ou négligé de renforcer l'armée du brave Luckner? ne l'ont-ils pas contraint à une retraite contraire à tous nos intérêts? n'ont-ils pas agi comme les fidèles serviteurs du roi de Hongrie, et non comme les ministres de la nation française? ne sont-ils pas les protégés ou les protecteurs de ces hommes qui ont tenté vainement de transformer les soldats armés pour la défense de la partie, en satellites d'une cabale de factieux? n'ont-ils pas osé élever dans le château des Tuileries un tribunal d'inquisition politique? et n'est-ce pas même porter trop loin l'indulgence, que de proposer de les surveiller, quand peut-être il faudroit les accuser ?

Mais la loi n'a point encore prononcé la responsabilité solidaire du conseil.

Le ministre de l'Intérieur est coupable d'avoir cherché à égarer le peuple et l'armée, à leur inspirer des terreurs imaginaires par la proclamation du 21 juin; d'avoir employé, pour répandre ces terreurs, un moyen qui n'a été établi par la constitution que pour ordonner l'exécution de la loi. Ce même ministre est coupable d'avoir donné l'ordre d'employer même la violence pour empêcher les citoyens des départemens de s'unir à ceux de la capitale dans une cérémonie paisible, à laquelle aucune loi précise ne leur défendoit d'assister ; il est coupable d'avoir employé l'autorité de sa place pour répandre cet arrêté, dans lequel le directoire du département de la Somme levoit l'étendart de l'indépendance, et donnoit le signal de la dissolution de l'empire ; et par conséquent il est coupable d'attentat contre la sûreté de l'État et contre la tranquillité publique. Ainsi ce ministre doit être accusé.

Le ministre de la guerre est coupable d'avoir refusé d'envoyer au maréchal Luckner les troupes dont il pouvoit disposer, et en particulier les régimens en garnison à Paris, et d'avoir par-là nécessité la retraite de Courtrai : ce ministre doit être encore accusé.

Mais un acte du Corps législatif est aujourd'hui nécessaire pour étendre la responsabilité des ministres sur les délibérations du conseil, pour l'étendre à l'inaction, à la négligence, qui, dans les circonstances où nous sommes, deviennent de véritables crimes ; enfin pour rendre les ministres responsables des maux que le refus de sanctionner des décrets nécessaires pourroient entraîner. Car, si le refus de sanction est un acte libre de la volonté du roi, le ministre est libre aussi de quitter sa place ; et s'il la conserve avec des moyens insuffisans pour la bien remplir, s'il la conserve pour perdre la chose publique, si, contre l'esprit de la constitution, il cherche à couvrir sa perfidie de l'inviolabilité royale, il est coupable, et il faut que la loi puisse l'atteindre. Ne seroit-il pas dérisoire que si, par exemple, des armées étrangères pénétroient dans l'intérieur de l'État, si des refus de sanction arrêtoient tous les moyens de défense et laissoient la nation en proie à ses ennemis, un ministre pût rester paisiblement dans sa place et insulter aux désastres publics, en disant qu'il a employé les moyens que la loi a mis entre ses mains ? Quoi ! il ne sera pas coupable s'il a pour prétexte le refus de sanction ; et il le sera, s'il n'a pour excuse que le refus de la signature du roi, souvent nécessaire aux ordres donnés en exécution de la loi ?

Je demande qu'en particulier le ministre des affaires étrangères rende compte des *actes formels* par lesquels le roi s'est opposé sans doute à l'existence de cette *maison du roi de France* instituée en Allemagne, de l'indignation qu'il a sans doute hautement témoignée contre cette violation inouie des lois mêmes de la guerre, contre cette insulte à son caractère, à sa probité, contre cet outrage aux droits des nations.

Il est important que ces *actes formels* ne soient pas un secret entre les ministres français et ceux des cours de Trèves et de Mayence. Il faut que la France entière apprenne avec quelle fermeté,

avec quelles précautions , malheureusement nécessaires pour ôter tout prétexte de révoquer en
doute la sincérité de ce désaveu, le roi a repoussé
ces honteux secours qu'on ne lui offre que pour
l'avilir aux yeux de la France et de l'Europe. Il
est temps de savoir jusqu'à quel point le roi est
convaincu que ce zèle pour son autorité cache
un complot formé contre sa personne. Il est temps
qu'il prononce d'une manière positive, irrévocable , entre les faux amis qui le trahissent, et une
nation généreuse qui veut lui être fidèle , si lui-
même veut l'être enfin à tant de sermens.

Rendez encore le ministre responsable , si ces
actes formels exigés par la loi ont été négligés
ou violés par des actes contraires, comme si , par
exemple , une partie de l'argent du peuple étoit
employée à payer des rebelles au moment même
où l'on paroîtroit les désavouer ; et qu'il vous eût
caché cette atteinte à la loi. En effet, puisque
d'après la constitution vous ne pouvez exercer
votre surveillance au-dehors que par les yeux
des ministres, puisqu'ils choisissent les seuls agens
que la nation puisse y entretenir, ils ne peuvent
se taire sur la trahison , sans en devenir les complices ; ils ne peuvent ignorer les faits publics,
sans être coupables de négligence. Vous-mêmes,
Messieurs, vous trahiriez vos devoirs si vous né-
gligiez l'exécution d'une loi si importante, placée
dans la constitution comme la sauve-garde sacrée
de la liberté et des droits du peuple ; si vous paroissiez croire qu'elle ne prescrit qu'une simple
formalité , et non une conduite soutenue ; si
vous paroissiez ne pas sentir que des actes so-
lemnels , démentis par des actions plus secrètes,
seroient une trahison de plus, et non l'accomplissement de la loi.

Dans toutes ces dispositions sur les ministres , la Constitution n'a mis aucun obstacle à l'exercice de votre autorité. Les actes relatifs à leur responsabilité doivent être exécutés indépendamment de toute sanction , et ils ont par eux-mêmes force de loi. On a senti que si , par le silence des lois déjà faites , un ministre pouvoit se soustraire à la responsabilité , et conspirer impunément contre l'État ou contre la liberté par sa négligence ou par son inaction , cette responsabilité ne seroit plus qu'un vain nom. Il falloit donc que les lois qui y soumettent les ministres , fussent indépendantes du pouvoir exécutif ; et c'est ce qu'a fait la constitution. Telle est la barrière qu'elle a voulu opposer aux usurpations et aux intrigues ministérielles ; tel est le remède qu'elle a préparé contre l'insuffisance des lois établies. Il est impossible même de donner un autre sens à cet article constitutionnel , si l'on ne veut pas supposer dans ceux qui l'ont rédigé , l'intention d'offrir au peuple une sûreté purement illusoire , d'avoir voulu le tromper et non le servir.

Autrement la haute-cour nationale se trouveroit investie du droit exclusif de juger quelles actions peuvent dans telle ou telle circonstance compromettre la sûreté de l'État ; et alors il n'y auroit point de milieu entre consacrer l'impunité des ministres , ou attribuer à cette cour un pouvoir presque arbitraire. Il ne faut pas confondre le droit judiciaire de déclarer si tel fait est dans le cas de la loi , avec le droit législatif de placer telle action en géréral au nombre des délits. Le tribunal peut bien décider que tel homme par telle action a compromis la sûreté nationale ; mais ce seroit confondre les pouvoirs que de laisser à des juges, quels qu'ils fussent, le droit de prononcer si, dans une circonstance donnée, telle classe d'actions expose ou n'expose pas cette sûreté.

Défendez aux administrateurs du trésor public, de continuer de rien payer sur les six millions destinés à des dépenses extraordinaires et secrètes; car vous ne pouvez confier à un homme l'argent du peuple, quand vous ne pouvez plus être sûrs que cet argent sera employé pour la liberté. Séparez ensuite ce qui dans cette somme doit être employé à des dépenses nécessaires et publiques, mais exigées par les circonstances actuelles, de ce qui est véritablement destiné à des dépenses secrètes.

Ce nom exclut sans doute toute idée d'un compte public, mais il n'exclut point celle d'un compte rendu à un petit nombre d'individus. On exigeoit les comptes de ces sortes de dépenses, même sous le despotisme : ils existent dans les archives des affaires étrangères ; ils sont devenus quelquefois des pièces historiques. Ainsi, au-lieu d'établir en principe qu'on n'en doit aucun compte , il faut bien plutôt chercher comment ce compte doit être rendu, et comment, en respectant le secret auquel nous avons consenti, il seroit cependant possible de s'assurer de la fidélité dans l'emploi des sommes confiées, et de prendre pour les intérêts de la nation les mêmes précautions que les rois savent employer pour la sûreté des leurs.

Ne souffrons pas, Messieurs, que même le plus léger soupçon de corruption souille la pureté de notre liberté naissante. Permettez-moi de vous le répéter encore : le peuple cessera d'aimer la costitution, si on parvient à lui persuader

que sa liberté se borne à choisir ceux qui doivent
être achetés. Jamais il n'entendra cette politique
honteuse par laquelle on concilie la liberté et la
corruption, en supposant que les fripons pour leur
profit même ne se vendent jamais qu'à demi ; qu'in-
téressés à ce qu'on veuille les acheter, ils sauront
garder assez de liberté, pour que leurs services ne
perdent pas tout leur prix ; et qu'ils en ont eux-
mêmes besoin pour être sûrs de conserver le sa-
laire de leurs crimes. Ces sophismes, par lesquels
aux yeux d'une nation accoutumée au systême de
la corruption , on peut en pallier l'opprobre et
le danger, ne séduiroient pas des hommes que l'enthousiasme de la liberté anime encore. D'ailleurs,
les nations étrangères croiront-elles à la permanence
de nos efforts pour défendre la constitution, si elles
peuvent imaginer qu'un vil intérêt exerce déja son
empire au milieu de nous ? Croiront-elles que celui
qui se vend pour persécuter un magistrat populaire, pour calomnier un ami de la liberté, pour
semer la division entre les citoyens, ne se ven-
droit point s'il s'agissoit de consentir à la cession
d'une province, ou d'accorder aux riches rassemblés dans une seconde chambre le droit de
favoriser l'exercice arbitraire du pouvoir et d'op-
primer le reste du peuple ? Ainsi la corruption
nous seroit également funeste, et par ses effets
directs, et par la seule opinion qu'elle peut
exister.

Il faut donc avoir le courage d'attaquer cette
opinion dans sa source ; et vous en avez le moyen.
Aucune loi, ni de l'Assemblée constituante, ni
de cette Assemblée, n'a dispensé l'administrateur
de la liste civile de rendre compte de sa gestion ;
et même, sous cet ancien régime si justement
abhorré,

abhorré, toutes les dépenses auxquelles la liste civile est affectée, comme la splendeur du trône, les bâtimens, étoient soumises aux formes de comptabilité les plus sévères. La seule cassette en étoit exceptée, et n'absorboit qu'une somme très-modique : une grande partie même de cette somme avoit un emploi public, et à l'abri de toute espèce de soupçon.

Pourrions-nous donc croire que l'Assemblée constituante ait voulu établir une moindre sévérité que celle de l'ancien régime, ou qu'elle ait pu concevoir l'idée de recréer le livre rouge sous une forme nouvelle ?

De ce qu'une dépense a un objet déterminé, n'en résulte-t-il pas, pour celui qui en fournit les fonds, le droit de savoir si cet objet est rempli ?

Et puisque l'Assemblée constituante a établi une liste civile pour le maintien de la splendeur du trône, n'est-il pas évident que les représentans du peuple sont en droit d'exiger la preuve qu'elle a été employée à cette destination consacrée par la loi ?

Le roi d'Angleterre a aussi une liste civile ; et personne n'ignore que cette liste, chargée des appointemens de plusieurs fonctionnaires publics, et d'un grand nombre de charges que le roi ne peut supprimer, ne laisse à sa libre disposition qu'environ douze cent-mille de nos livres. En effet, l'institution d'une liste civile de trente millions sans aucune destination précise, détaillée, et dont il ne seroit rendu aucun compte, ne peut pas même se présenter à la pensée d'un esclave, et l'absurdité politique ne peut aller jusque-là dans un homme de bonne foi.

Je demande donc que l'on ouvre une discussion sur la manière d'assujétir à des comptes, et les sommes accordées pour des dépenses secrètes, et l'emploi de la liste civile. Ouvrez cette discussion ; rendez le décret qu'exigent de vous et les dangers de la patrie, et l'honneur de la Nation, et les règles de la justice la plus rigoureuse ; et bientôt vous verrez ces obstacles qui s'élèvent de tous côtés sous vos pas, s'abaisser devant vous ; et la France, que de coupables manœuvres ont divisée, ne présentera plus à vos yeux qu'une seule famille.

Jamais la nécessité de soustraire à toute influence du pouvoir exécutif, et les administrateurs du trésor national, et les membres du bureau de la comptabilité, et les chefs de l'administration des postes, et les commissaires soit à la caisse de l'extraordinaire, soit à la liquidation, ne s'est fait sentir avec plus de force. Le moment est venu, où vous devez décréter que ces fonctionnaires publics pourront être destitués par un décret du corps législatif ; et qu'ils seront choisis à l'avenir par des électeurs qu'une élection populaire auroit eux-mêmes nommés.

Parmi ceux qui ont réfléchi sur l'ensemble de la constitution française, il n'en est aucun qui ne voye qu'il manque à ce système un mode de nomination prompt et facile pour les places dont il est dangereux de confier la disposition au pouvoir exécutif, et qu'il est impossible de faire nommer par les départemens isolés. L'établissement de ce mode de nomination est nécessaire au maintien de la liberté, comme à la sûreté générale de l'Etat, et c'est pour cela seul qu'il trouvera toujours tant d'opposition parmi ces hommes qui, au-lieu de croire que le peuple a conservé tous les droits dont une loi faite en son nom, et con-

sentie au moins par son silence , ne l'a point
privé , aiment mieux dire que le pouvoir royal
(qu'ils s'imaginent sans doute être descendu du
ciel) doit s'étendre à tout, ce dont une loi positive
ne l'a point dépouillé.

Supprimez alors le ministère des contributions
publiques , et réunissez-en les fonctions à celles des
commissaires de la trésorerie : par-là vous détrui-
rez une foule de places inutiles , un double emploi qui nuit à l'expédition des affaires , une concurrence qui peut en embarrasser la marche. Alors
tout ce qui tient à la recette de l'impôt , comme
tout ce qui intéresse la dépense , sera soustrait à
l'influence du pouvoir exécutif , sera dirigé par
les officiers élus par le peuple , et vous aurez tari
toutes les sources de la corruption.

Amis de la paix et du bon ordre , vous voulez
que le peuple respecte la loi : vous voulez donc
aussi qu'aucune inquiétude pour sa sûreté n'altère
cette soumission , dont il a le sentiment dans le
cœur comme sur les lèvres : car le peuple ne
ment point. Eh bien ! il n'en est qu'un moyen :
c'est de lui montrer que ses représentans élus,
dépositaires naturels de sa confiance , sont dignes
de la conserver , et qu'ils ont réuni dans leurs
mains toutes les forces nécessaires pour maintenir
ses droits , et sauver la liberté.

Tout annonce la nécessité de prendre contre les
conspirateurs de nouveaux moyens de vigilance et
de répression. M. Gensonné en a proposé sur lesquels il est temps enfin de prononcer, et il ne seroit pas difficile de prouver qu'ils s'accordent mieux
que l'ordre actuel, avec l'esprit de la constitution ;
qu'ils complètent le système des lois nécessaires
pour maintenir la constitution publique ; qu'ils

peuvent remplir l'objet pour lequel on les propose, ce qu'il est impossible d'espérer des lois actuelles ; que ces mêmes moyens conservent dans une plus grande intégrité les droits de la liberté individuelle ; qu'enfin il n'en résulte aucune confusion de pouvoirs.

Mais ce n'est point assez de veiller sur les conspirateurs : punissez ceux qu'enhardit une trop longue impunité. Décrétez que les biens des trois princes français soient, sur-le-champ, mis en vente, pour dédommager les citoyens dépouillés au nom des rois que ces princes ont excités à ravager leur patrie. Remplissez ce devoir d'une rigoureuse justice, et donnez au genre humain la consolation de voir une fois les auteurs de la guerre en partager les calamités, et en payer les malheurs.

Vous pouvez trouver dans cette même mesure un moyen de punir ces orgueilleux coupables, en les forçant de contribuer eux-mêmes au perfectionnement de cette égalité contre laquelle ils ont conspiré. Que ces biens, quelleque soit leur nature, soient vendus comptant et par petites parties. Ils montent à près de cent millions, et vous remplacerez trois princes par cent mille citoyens propriétaires. Leurs palais deviendront la retraite du pauvre ou l'asyle de l'industrie. Des chaumières habitées par de paisibles vertus s'éleveront dans ces jardins consacrés à la mollesse ou à l'orgueil. Demandez au ministre de la guerre l'état des officiers déserteurs ; demandez au ministre des affaires étrangères celui des agens perfides qui ont trahi la confiance de la nation ; celui des intriguans qui, dans les diverses cours de l'Europe, ont agi au nom des princes ; faites constater leurs délits, et que leurs biens soient dévoués au mê-me usage. Mais plus de lâches ménagemens : as-sujétissez à une responsabilité sévère les minis-tres, les administrateurs qui négligeroient l'exé-cution de cet acte d'une sévérité nécessaire.

Alors le peuple ne pourra plus dire que toute la rigueur des lois s'exerce contre lui seul, tandis que leur indulgence va chercher ses ennemis jus-que dans les chaires du fanatisme ou dans le camp de Coblentz.

Mais vous avez encore pour obtenir sa confiance et sa soumission aux autorités établies, des moyens plus sûrs que cet appareil formidable de la force publique, dont il est si facile d'abuser, et si dangereux ou si cruel de se servir ; que ces scènes honteuses et sanglantes qui détruisent l'es-prit public sans assurer la paix, et que des hom-mes féroces semblent chercher encore à renou-veler jusque sous les portiques du temple de l'É-galité.

Ces moyens, Messieurs, sont ceux par les-quels les hommes éclairés et vertueux subjuguent les hommes libres : de bonnes lois et de sages ins-tructions.

Vos prédécesseurs ont établi les fondemens de la liberté politique : faites jouir les citoyens de la liberté civile. Hâtez-vous d'achever de leur don-ner des moyens d'assurer leur état, qui ne gênent plus leur conscience ; affranchissez les fils de famille, abolissez les substitutions, détruisez les testamens, établissez l'ordre de succession la plus favorable à la division des propriétés, donnez aux mariages la plus grande liberté, accordez aux enfans qu'on appelle illégitimes les droits auxquels la nature les appelle, établissez un sys-

tême d'adoption qui permette aux hommes vertueux de s'unir entre eux par des liens de famille ;
sur-tout permettez le divorce : faites cette loi si
nécessaire à la conservation de la liberté, aux
mœurs, à l'esprit public ; cette loi que la politique ordonne plus impérieusement encore que
la philosophie, Organisez l'instruction et les éta-
blissemens de secours publics.

Dans toutes les circonstances où vous voyez
les ennemis de la patrie chercher à séduire le
peuple, où vous voyez l'hypocrisie lui tendre des
piéges, faites-lui entendre la voix de la vérité à
laquelle depuis quatre ans on l'a toujours trouvé
si docile. On vous a proposé des instructions
périodiques ; mais ce moyen indiqué par des patriotes éclairés, a l'inconvénient de perdre bientôt sa force par l'infaillible effet de l'habitude
qui affoiblit toutes les impressions. Il auroit encore celui de mêler des objets différens dans un
même ouvrage, et par-là de partager l'attention,
de n'obtenir qu'une partie de l'effet qu'on cher-
cheroit à produire. Ne vaudroit-il pas mieux que
le remède fût appliqué à chaque mal, et pré-
cisément à l'époque où l'on s'apperçoit qu'il com-
mence à devenir dangereux ?

En un mot, voulez-vous que le peuple soit
paisible ; ne souffrez pas qu'entouré de piéges, il
soit calomnié, menacé, lorsqu'il laisse échapper
une trop juste indignation : mais montrez-lui que
vous veillez à sa sûreté comme à son bonheur ;
qu'il vous voye sans cesse occupés de combattre
ses ennemis ; qu'il ne vous croye plus les impas-
sibles témoins de la nullité des ministres, de la
perfidie de leurs bureaux, de la corruption de la
cour, de la scélératesse des conseillers secrets du

monarque, de l'effrayante léthargie du pouvoir exécutif; qu'il s'apperçoive que vous voyez tous ses dangers, et que toute l'autorité qu'il vous a confiée, toute la force qu'il a déposée dans vos mains, seront employées à les détourner de lui. Alors, naturellement rappelé à ses travaux nécessaires par ce penchant à la confiance qui caractérise les Français, il attendra paisiblement le moment de déployer pour cette égalité, qui est son seul orgueil, pour cette liberté qui fait son bonheur, sa noble et brûlante énergie. Gardez-vous de lui cacher les dangers de la patrie, car son inquiétude les lui feroit paroître alors plus grands qu'ils ne sont. Pour l'adoucir à l'égard de ses ennemis, ne calomniez pas devant lui ses défenseurs. Ne lui présentez pas pour l'effet de la séduction, les mouvemens tumultueux où l'amour de la liberté l'entraîne quelquefois; ne cherchez point à refroidir en lui ce courage dont la patrie n'est peut-être pas éloignée d'avoir besoin; mais dites-lui la vérité toute entière : vous la lui devez et il est digne de l'entendre. C'est par-là que bientôt assurés de sa confiance, vous le serez à-la-fois de sa tranquillité et de son ardeur. C'est par là que vous obtiendrez de lui que se reposant sur vous de ses intérêts, il attende dans le calme ce que vous aurez à lui demander au nom de la liberté et de la patrie.

Dans presque toutes les constitutions libres, ou prétendant l'être, on a vu les tribunaux judiciaires, et la force armée, s'efforcer, tantôt de s'ériger en pouvoirs politiques, tantôt d'agrandir leur influence, en s'unissant à l'un de ceux que la constitution avoit établis. A peine quelques mois se sont passés depuis que la loi a fixé pour nous les limites des pouvoirs; et déja nos juges, nos généraux, transgressent ces limites ; déja ils cherchent à se créer un empire que la loi ne leur a pas donné.

Les juges, trop foibles pour agir seuls, semblent s'offrir au pouvoir exécutif pour établir entre lui et les législateurs une balance anarchique. Ils sont tout prêts à recréer sous les formes judiciaires les lettres-de-cachet et les bastilles. De juges des citoyens, ils s'érigent en juges des pouvoirs politiques ; et, sous prétexte de les juger, bientôt ils sauroient les dominer et les remplacer.

Ordonnez, Messieurs, à votre Commission extraordinaire de vous rendre compte de cette corruption précoce du pouvoir judiciaire, qui, de cette ville, où déjà elle se montre avec une audace scandaleuse, menace de se répandre bientôt dans tout l'empire.

Pendant les dissentions qui s'élevèrent entre Cromwel et le parlement d'Angleterre, l'amiral Blake commandoit une flotte contre la Hollande, on essayoit aussi d'y semer la discorde : *Messieurs*, (dit Blake aux officiers et aux soldats) *ce n'est pas à nous à connoître des affaires d'état, et à nous mêler du gouvernement, mais à faire notre devoir, de manière que les étrangers ne puissent profiter de nos folies et de nos divisions.*

Tel doit être le seul sentiment du chef d'une force militaire.

Vous sentez tous en effet, Messieurs, combien seroit coupable un général qui, placé à la tête d'une armée, et négligeant les soins qui lui sont confiés, s'occuperoit de censurer la conduite des représentans du peuple, d'insulter à leurs décisions, de calomnier leurs principes, encourageroit

(25)

le Roi dans une conduite destructive de cette union des pouvoirs, si desirée par tous les amis de la liberté, et sembleroit vouloir s'élever, comme une puissance nouvelle, entre les représentans du peuple et le Roi, entre eux et la Nation.

Vous sentez combien il le seroit plus encore, si, désertant son poste devant l'ennemi, il venoit audacieusement, au nom de ses soldats, dicter les conditions auxquelles ils voudront bien servir la patrie, et placer les dépositaires de la volonté nationale entre leur devoir et la crainte de voir les frontières abandonnées ?

Et que deviendroient d'ailleurs cette confiance universelle, cette discipline, ce concert de volontés nécessaires dans les armées, si les généraux eux-mêmes les agitoient par des discussions politiques, les tourmentoient de leurs factions personnelles ?

Que cet exemple dangereux qui vient de souiller la quatrième année de la liberté française, vous éclaire du moins sur l'avenir. Défendez toute adresse, toute pétition du chef quelconque d'une force armée, si elle n'a pour objet, ou ses intérêts particuliers, ou les fonctions de son emploi. Défendez sur-tout à un général toute négociation, toute proposition de paix ou d'accommodement avec une puissance ennemie, s'il n'y est spécialement autorisé sous les formes constitutionnelles, et si le Corps législatif n'en a été instruit par le Roi, à qui seul la constitution donne le droit d'entamer des négociations.

Eloignons de nous pour jamais cette influence du pouvoir militaire, qui déja tant de fois a perdu la liberté, ou l'a étouffée dès sa naissance.

Rappelons-nous les attentats de ces généraux romains, qui détruisirent la République après l'avoir long temps opprimée, et qui se vantoient aussi de maintenir les lois et d'assurer l'obéissance aux magistrats légitimes. Rappelons-nous qu'en écrivant au sénat, César parloit aussi du droit de résister à l'oppression. Rappelons-nous ce double exemple donné dans un si court espace de temps, par l'Angleterre, où, après qu'un général eut détruit pour lui-même la liberté qu'il avoit d'abord servie, un autre général fit encore semblant de la servir, pour la sacrifier plus lâchement à un roi.

Mais tous ces moyens, Messieurs, c'est notre union seule qui peut leur donner une force imposante. Il ne s'agit point ici de sacrifier nos opinions ou nos sentimens, mais de ne plus retarder, de ne plus troubler par nos passions une activité, un ensemble de conduite nécessaires au salut pubic. Oublions les individus pour ne voir que la Nation ; oublions quelques hommes qui veulent devenir les maîtres, pour ne songer qu'à vingt-cinq millions de citoyens qui ne demandent qu'à rester libres.

Le parti du Ministère de 1791, si puissant dans l'Assemblée constituante pendant les derniers mois de sa session, a voulu exercer son influence parmi nous : s'il n'a pu nous gouverner, il est du moins parvenu à nous diviser. C'est lui qui, au-lieu de chercher dès l'instant de l'acceptation du roi, à dissiper les rassemblemens des émigrés, à dissoudre la ligue des puissances étrangères, n'a vu, dans ces dangers de la patrie, que des moyens utiles à ses projets. C'est lui qui, par sa négligence et ses ménagemens pour des traitres, a su atténuer et retarder tous nos moyens de défense. C'est lui qui, par ses insinuations secrètes, comme par sa conduite publique, et par ses écrivains mercenaires, est parvenu à faire regarder dans les pays étrangers la France entière, unie pour la défense de la liberté, comme une faction tyrannique, odieuse à la nation même. C'est lui qui, après avoir accusé les amis de l'égalité de vouloir détruire la constitution, forcé de renoncer à cette calomnie, devenue trop absurde, s'élève aujourd'hui hautement contre cette même constitution, et cherche, en insinuant la nécessité d'une seconde chambre, à semer la discorde entre les pauvres et les riches, entre les citoyens propriétaires et ceux qui ne le sont pas. C'est lui qui s'est constamment opposé à toutes les mesures nécessaires pour réprimer le fanatisme, assurer la tranquillité intérieure, effrayer les conspirateurs, et par conséquent non moins nécessaires pour dissiper les craintes, pour calmer les esprits, pour ramener la paix. C'est lui qui, dans la capitale, dans les départemens, a mis la division entre les corps administratifs et les municipalités, qui cabale dans nos armées comme dans nos villes, dans les sociétés particulières, et jusqu'au sein de nos familles. C'est lui qui, en persécutant les sociétés populaires, parce qu'elles ont su le démasquer, parce qu'elles sont le plus grand obstacle aux projets des ennemis de l'égalité, a perpétué dans ces sociétés l'agitation et l'esprit de défiance. C'est lui qui, multipliant sans cesse les calomnies et les fausses accusations, a répandu par-tout l'inquiétude et le trouble ; également coupable, et du mal qu'il fait directement, et de celui que peuvent commettre les citoyens tour-

mentés par ses manœuvres , indignés de ses perfidies. C'est lui qui , dès les premiers jours de votre
réunion , et même dans ceux qui l'ont précédée,
irrité de vous trouver fermes, vigilans, incorrupti-
bles, s'est occupé sans relâche d'avilir cette Assemblée nationale , autour de laquelle il craignoit de
voir la nation entière se rallier. C'est lui qui nous
reproche d'avoir voulu la guerre, et qui seul est
parvenu à la rendre inévitable. C'est ce parti qui ,
se plaignant sans cesse de l'inexécution des lois ,
du peu de respect pour les autorités établies, de
l'agitation des esprits, des mouvemens irréguliers
du peuple , est lui-même la véritable cause de ces
maux qu'il exagère. C'est lui enfin qui, calomniant
le peuple au lieu de le rassurer, le menaçant au
lieu de l'éclairer, ne veut d'esprit public qu'avec
l'anarchie , ou de soumission à la loi qu'avec
l'avilissement et la terreur. Et dans ce moment,
Messieurs, n'est-ce pas encore à ce même parti
qu'il faut attribuer, et toutes les perfidies du Ministère actuel , et toutes les cabales qui agitent
nos armées ? Balanceriez - vous entre quelques
hommes et la patrie ? Rappelez - vous ce jour où
la liberté de Rome fut sauvée encore une fois, où
l'on vit le sénat agité par des factions , divisé par
des haines, se réunir tout entier à la voix de l'o-
rateur de la patrie, se séparer des complices de
Catilina , et les laisser seuls étonnés de leur soli-
tude et de leur foiblesse.

Abjurons pour jamais cette cause fatale de nos
divisions, de toutes celles qui peuvent troubler
la France. Unissons-nous pour la pacifier et la
défendre : son danger nous en fait un devoir sévère
et pressant. Il nous faut des armées de réserve
entre Paris et les frontières ; il faut augmenter

celles qui les défendent ; il faut des agens du pouvoir exécutif à qui la confiance du peuple permette d'agir avec activité , et sur qui l'Assemblée puisse se reposer des détails ; il faut que le desir de nous gouverner de loin, disparoisse enfin de nos armées , et cesse d'y entretenir le désordre et l'inaction. Voilà ce qui demande tous nos soins, toute notre vigilance ; voilà les objets pour lesquels nous devons réunir toutes nos forces. La Patrie est en péril , c'est à elle , c'est à elle seule que nous devons désormais appartenir tous entiers.

Opposons aux ennemis du peuple la force imposante du vœu unanime de ses représentans.

Portons au roi les véritables sentimens de la Nation française ; qu'il apprenne de nous à quel point il est trompé , et par le parti de ses anciens ministres , et par ces conseillers plus secrets, dont ce parti n'est peut-être lui-même que l'instrument crédule.

Montrons lui qu'il ne peut espérer de tranquillité ou d'honneur qu'en défendant franchement, hautement avec nous la cause de la liberté , qu'en unissant ses sentimens et sa volonté aux sentimens, à la volonté de la Nation.

Osons espérer encore qu'il sera touché des maux auxquels il expose la patrie , et que nous ne le trouverons pas insensible à la gloire de la sauver.

PROJETS DE DÉCRETS.

Acte du corps législatif sur la responsabilité des ministres.

L'Assemblée nationale, considérant que la tranquillité intérieure et la sûreté de l'Etat sont menacées par des ennemis qui abusent du nom du Roi contre la Nation et contre le Roi lui-même, et que de telles circonstances exigent une surveillance extraordinaire, décrète ce qui suit :

ARTICLE PREMIER.

Les ministres rendront compte chaque jour aux comités de l'Assemblée nationale de l'exécution des lois ou des ordres donnés par eux pour le maintien de l'ordre public et la défense de l'Etat : savoir, le ministre de la justice et celui de l'Intérieur, à la commission extraordinaire ; celui de la guerre, au comité militaire; celui de la marine, au comité de marine ; celui des affaires étrangères, au comité diplomatique; celui des contributions publiques, au comité de l'ordinaire des finances.

ART. II.

L'Assemblée nationale déclare que, dans le cas où la sanction seroit refusée à un décret portant expressément qu'il a été jugé nécessaire à la sûreté de l'Etat ou à la tranquillité publique, les ministres seront responsables des désordres qui en pourront résulter. Il en sera de même dans le cas de la suspension de sanction, si elle excède le terme de trois jours.

Art. III.

L'Assemblée nationale charge le ministre des affaires étrangères de lui rendre compte des actes *formels* par lesquels, aux termes de la constitution, le Roi s'est opposé à l'existence d'un corps militaire formé en Allemagne, sous le nom de *Gardes du-corps du Roi de France*, à celle des régimens qui prennent le titre de Régimens Français, et aux traités passés en son nom avec des princes de l'Empire pour prendre des régimens au service de la France.

Art. IV.

L'Assemblée nationale déclare coupable d'avoir compromis la sureté de l'Etat le ministre des affaires étrangères qui négligeroit d'informer l'Assemblée des démarches contre la constitution et la tranquillité de l'Etat, que des traîtres se permettroient de faire au nom du Roi dans les divers pays de l'Europe ; déclare coupables du même délit les envoyés de France auprès des puissances étrangères, qui, instruits de ces démarches, négligeroient d'en instruire le ministre.

Art. V.

L'Assemblée ordonne au ministre de l'Intérieur de lui rendre compte de l'existence d'un acte contraire au décret sanctionné par le Roi, sur le licenciement de sa garde, et signé *d'Hervilli.*

Acte du Corps législatif sur la responsabilité des généraux.

L'Assemblée Nationale, considérant combien il est à désirer que les commandans des armées obtiennent la confiance de leurs soldats, et combien en même-temps il seroit à craindre qu'ils n'abusassent de cette confiance s'ils ne se honoient pas rigoureusement aux fonctions du commendement; considérant que cette même confiance ne pourroit subsister dans une armée d'hommes libres, si les généraux, cherchant à influer sur les discussions politiques, s'exposoient au soupçon d'être animés par des vues particulières, et d'avoir d'autres intérêts que celui de défendre la patrie; considérant que l'influence politique de la force armée a détruit la liberté chez tous les peuples qui ont négligé de s'y opposer par toute l'autorité des lois et de l'opinion publique, déclare: 1°. que tout général qui présentera, soit à l'Assemblée Nationale, soit au Roi, ou à toute autre autorité constituée, des adresses ou pétitions qui n'auront pour objet ni ses intérêts particuliers, ni les fonctions de son emploi, sera regardé comme coupable d'attentat contre la liberté générale;

2°. Que tout général qui entrera en négociation avec les agens d'une puissance ennemie, sans une autorisation expresse du Roi, et sans que cette autorisation ait été communiquée au corps législatif et confirmée par lui, sera réputé coupable d'attentat contre la sûreté de la Nation;

3°. Que tout général qui abandonnera son armée pour proposer ou demander, de quelque manière que ce soit, des lois ou des mesures

étrangères

étrangères à ses fonctions militaires, sera réputé coupable de trahison.

Décret sur les biens des émigrés.

L'Assemblée nationale, considérant qu'elle ne peut attribuer la guerre injuste suscitée contre la France qu'aux intrigues des Français ennemis de la liberté et de leur patrie ; considérant que ces mêmes Français, en prenant les armes, ont augmenté, sinon les dangers, du moins les dépenses de la guerre, et que, d'après ces faits incontestables, elle se rendroit injuste envers les citoyens fidèles si elle ne se hâtoit de consacrer aux frais de la guerre les biens des traîtres qui en sont les instigateurs et les instrumens, décrète qu'il y a urgence.

L'Assemblée nationale, après avoir décrété l'urgence, décrète ce qui suit :

ARTICLE PREMIER.

Les biens des princes français, décrétés d'accusation, seront vendus au profit de la nation, pour être employés à dédommager les citoyens dont les propriétés auront été détruites par les ennemis de l'État.

ART. II.

Ceux à qui, malgré leurs pertes, il resteroit un revenu net de 6,000 liv., n'auront aucune part à ces dédommagemens. Pourront néanmoins être exceptés de cette disposition, par un décret du corps législatif, les fonctionnaires publics, ou autres, dont les biens auront été détruits par l'effet d'une vengeance exercée contre eux pour les punir de leur zèle.

Art. III.

Toute substitution en faveur d'un prince français non actuellement résident dans le royaume, est déclarée nulle.

Art. IV.

Ces biens seront vendus par petites portions toutes les fois que la division ne sera pas rigoureusement impossible.

Art. V.

Le ministre de la guerre sera tenu de présenter la liste des officiers déserteurs ; et le ministre des affaires étrangères celle des Français qui ont conspiré contre leur patrie dans les cours étrangères, des envoyés de France qui, après avoir été destitués, ne sont pas venus rendre compte de leur conduite, pour qu'après leur délit constaté, leurs biens soient mis en vente pour la même destination, et sous la même forme.

Art. VI.

Le comité des domaines présentera dans trois jours un projet de décret sur la forme et les conditions de ces ventes, les moyens d'assurer les droits des femmes, des enfans des créanciers.

Décret sur l'ordre à établir dans les dépenses publiques.

1°. Le comité des finances présentera incessamment un projet de décret sur le mode de comptabilité à établir pour les sommes qui ont été ou pourront être destinées à des dépenses secrètes, et pour l'emploi de la liste civile.

2°. Jusqu'au moment où le mode de ce compte sera réglé, il est défendu aux commissaires de la trésorerie de payer au ministre des affaires étrangères aucune somme à compte sur les six millions destinés à des dépenses extraordinaires et secrètes.

3°. L'administrateur de la liste civile sera tenu, sous peine d'être poursuivi comme dilapidateur des deniers publics, de faire parapher par les commissaires de la trésorerie ses registres de dépenses, à compter du mois d'octobre 1791 inclusivement, avant de pouvoir former la demande d'aucun nouveau paiement.

Décret sur la nomination ou la destitution des administrateurs des deniers publics.

L'Assemblée considérant qu'il importe au maintien du crédit national et à la tranquillité de l'État, que l'administration du trésor public, l'examen des comptes de la recette et de la dépense, le travail de la liquidation, la manutention de la caisse de l'extraordinaire et l'administration des postes ne puissent être exercées que par des hommes investis de cette confiance qu'un choix populaire peut seul donner , après avoir décrété l'urgence , décrète :

1º Les commissaires de la trésorerie , les membres du bureau de comptabilité , les administrateurs des postes , les commissaires à la liquidation et à la caisse de l'extraordinaire, ne pourront être nommés à l'avenir que par des électeurs immédiatement ou médiatement choisis par le peuple.

2º. Ils pourront être destitués par un acte du corps législatif, sans aucune concurrence du pouvoir exécutif.

3º. Ils ne pourront être destitués que par un acte du corps législatif , ou pour forfaiture jugée.

4º. Le mode d'élection et de destitution sera incessamment réglé par une loi.

5º. La place de ministre des contributions publiques est supprimée , et les fonctions en seront remplies par les commissaires de la trésorerie.

Le président du comité sera chargé du portefeuille , mais il n'aura point l'entrée au conseil.

PROJET DE MESSAGE

A U   R O I

***

S I R E,

Les représentans du peuple ont juré de vous être fidèles ; et ce serment ne peut être pour eux que celui de vous dire la vérité.

En acceptant la constitution, vous n'avez pu séparer les pouvoirs qu'elle vous donne, des devoirs qu'elle vous impose ; et l'obligation de désavouer, *par un acte formel*, toute force armée, employée en votre nom contre la nation française, est le premier, le plus sacré de ces devoirs.

Sire, c'est en votre nom que le roi de Hongrie, et ses alliés, nous ont attaqués ; c'est en votre nom que des Français rebelles ont sollicité leurs secours, et s'unissent à eux pour désoler leur patrie ; et ces Français rebelles, ce sont vos parens, vos courtisans, ce sont ces officiers déserteurs qui se vantent de ne voir la patrie que dans vous seul. Le premier de nos ennemis étrangers vous est attaché par les liens du sang ; votre nom se trouve mêlé à toutes les conspirations qui se trament contre la liberté ; et, lorsque des circons-

tances si multipliées, si effrayantes, se réunissent
cont e la sûreté de l'État, des conseillers perfides,
oseroient-ils vous tromper au point de vous persuader que, par la proposition de la guerre, par
une tardive notification aux puissances étrangères,
vous avez satisfait au vœu de la loi, et qu'un acte
formel qui seroit démenti par votre conduite, suf-
firoit pour remplir vos obligations et vos sermens!

Non, Sire, cet acte formel, si toutes vos actions n'y répondent point, ne peut être regardé
que comme un outrage de plus à la nation, comme
la violation, et non comme l'accomplissement de
la loi.

Et cependant, Sire, où sont les marques de
votre indignation contre les Français rebelles,
qui, au-dedans, comme au-dehors de l'Empire,
abusent de votre nom?

Ne vous êtes-vous point opposé, par des refus
de sanction, aux mesures de vigueur que l'Assemblée nationale avoit cru nécessaires d'employer
contre les conspirateurs? Ces émigrés qui se
vantoient de soutenir votre cause, se sont assem-
blés paisiblement sur nos frontières, sous les yeux
des envoyés de France, nommés par vous; et
vous avez gardé le silence! Ces émigrés ont fati-
gué toutes les cours de leurs intrigues; et vos
désaveux timides, si même ils existent, ont été
moins publics que leurs machinations; et quand
l'Assemblée nationale, à qui vous aviez laissé
ignorer les dangers de l'État, s'est réveillée au
bruit menaçant des armes étrangères, qu'a-t-elle
appris de vos ministres, sinon l'aveu de leur
inaction, et de la nullité de leurs préparatifs?

Ce Ministère, dont l'inertie coupable avoit mul-
tiplié nos ennemis, et atténué nos moyens de

défense ; ce Ministère, qui ne cachoit même ni son indulgence pour les fanatiques séditieux, ni ses ménagemens pour les rebelles de Coblentz, ni sa prédilection pour l'alliance autrichienne ; ce Ministère, forcé de céder à l'indignation publique, n'a disparu qu'en apparence ; et par une lettre, qu'au moment de sa chûte, il a eu la perfidie de vous faire souscrire, vous vous êtes, en quelque sorte, déclaré son complice. Les ministres patriotes, qui vouloient que la tranquillité intérieure fût rétablie, qui demandoient une mesure de défense nécessaire à la sûreté de la capitale, à la vôtre, Sire, si les ennemis de la liberté sont aussi les ennemis du roi ; ces ministres ont été renvoyés, et remplacés par des hommes en qui la nation ne peut voir que les créatures de ce ministère corrompu, déjà réprouvé par elle.

La France n'est pas tranquille ; mais, Sire, pourquoi, au lieu de ne voir dans ces mouvemens irréguliers des citoyens, que les justes inquiétudes d'un peuple généreux qui craint pour sa liberté, vous fait-on parler le même langage que nos ennemis, et travestir, en faction, la réunion des Français dans le saint amour de l'égalité et de la liberté ?

Pourquoi, lorsque éclairé sur l'esprit vraiment factieux que l'on avoit su répandre dans votre garde, vous avez sanctionné le décret qui en ordonnoit le licenciement, vous a-t-on fait approuver, en quelque sorte, par un acte contraire à la loi, les mêmes manœuvres que vous aviez flétries par un autre acte revêtu des formes légales ? Pourquoi, lorsqu'un général vient au mépris des loix parler aux représentans de la nation au nom de son armée , êtes - vous encore le prétexte de cet outrage à la souveraineté du peuple ?

Pourquoi, lorsqu'un de ces mouvemens souvent utiles dans un temps de révolution, irréprimables sous une constitution libre, a troublé votre repos pendant quelques heures ; lorsque votre courage calme, inaltérable vous montroit à la France digne de commander aux orages populaires, et d'entendre la voix de la raison, avez vous, dès le lendemain, abdiqué ce grand caractère, pour vous montrer, au gré de vos lâches conseillers, l'accusateur de ceux que vous aviez accueillis, le dénonciateur de ceux dont vous aviez accepté les secours ? Pourquoi n'avez-vous pas voulu continuer d'être vous-même ? Pourquoi, lorsque vous aviez bravé au-moins l'apparence du danger, avez-vous attendu le moment où elle n'existoit plus, pour donner aux nations étrangères comme à nos armées l'idée d'une contrainte imaginaire, et préparer un prétexte aux entreprises des ambitieux comme au machiavélisme des tyrans ?

Vous vous plaignez, Sire, du peu de confiance du peuple : réfléchissez sur cette conduite que des perfides vous ont inspirée ; et prononcez entre vous et lui.

Choisissez, Sire, entre la nation qui vous a fait Roi, et des factieux qui se disputent le partage de votre pouvoir. Que la cabale de vos anciens ministres s'éloigne de vous; que ces confidens secrets qui vous donnent des conseils plus dangereux encore, cessent de menacer la liberté ; que la révolution qui s'est opérée dans l'Empire français, se fasse enfin dans votre cour ; que l'égalité constitutionnelle y remplace l'orgueil féodal ; que les familles des rebelles ne remplissent plus votre palais ; qu'elles ne soient plus l'unique société des personnes qui vous sont chères ; que des patriotes forment seuls votre conseil, et que ce conseil public ait seul votre confiance.

Vos esclaves vous diront que ces hommes indiqués par l'opinion nationale ne seront pas attachés à votre personne ; qu'ils seront les officiers du peuple et non les serviteurs du Roi. Mais, Sire, tous vos intérêts personnels, celui de votre repos, celui de votre gloire, ne sont-ils pas liés à la cause de la liberté ? Quel seroit donc votre sort dans la France triomphante et libre malgré vous ? Et si nous succombions sous tant d'ennemis conjurés, quel seroit encore votre sort dans la France sanglante et démembrée, qui vous accuseroit seul de ses malheurs et de ses pertes ?

Parmi les causes des troubles qui nous agitent, la voix publique a placé depuis long-temps l'usage honteux et funeste que de lâches corrupteurs osent faire de votre liste civile. Cette voix peut se tromper ; mais tant que le soupçon subsiste, la confiance ne peut renaître ; et c'est uniquement en publiant l'emploi sans doute légitime de ce trésor dangereux que vous pouvez la reconquérir.

Votre conscience, Sire, doit rester libre ; mais si elle vous attache à un culte dont les ministres ont inondé la France de conspirateurs ; si elle vous attache à un culte dont les docteurs ont tant de fois fait un devoir de la trahison et du parjure ; si elle vous attache à un culte dont les prétendus outrages sont aussi un des prétextes de nos ennemis ; croira-t-on que vous avez rempli le devoir imposé par la loi au Roi des Français, quand des prêtres fanatiques cabalent dans votre palais, quand vos refus répétés anéantissent tous les moyens de prévenir ou de réprimer leurs fureurs?

Nous vous avons rappelé, Sire, les obligations sévères auxquelles la Constitution vous a soumis, lorsque des ennemis perfides s'armeroient en votre nom contre la liberté ; et vous nous épargnerez sans doute la douleur de vous y trouver infidèle.

ADRESSE

INDIVIDUELLE DES OFFICIERS

MUNICIPAUX DE PARIS

A L'ASSEMBLÉE NATIONALE,

Relativement à la suspension provisoire du Maire et du Procureur de la Commune, prononcée par le Conseil-général du Département ;

Lue le 7 Juillet 1792, l'an quatrième de la liberté ;

PAR M. OSSELIN, Officier municipal, en présence de ses Collègues.

IMPRIMÉE PAR ORDRE DE L'ASSEMBLÉE NATIONALE.

———

LÉGISLATEURS,

Le Conseil-général du Département de Paris vient de suspendre provisoirement le Maire et le Procureur de la Commune de cette Ville.

Les motifs de cette mesure violente sont consignés dans l'Arrêté qui la prononce ; ils sont tous puisés dans la conduite que la Municipalité a tenue à l'occasion de l'événement du 20 Juin : cette conduite a sauvé l'Empire. C'est au moment où la Patrie est en danger ; c'est au moment où, menacée par l'invasion visiblement concertée des ennemis du dehors, la Nation est prête à se lever toute-entière, pour apprendre à l'Univers que si les tyrans se sont dechaînés contre les peuples, la liberté sainte unit les peuples contre les tyrans ; c'est au moment où la division intérieure pourroit être le seul espoir du despotisme, la seule ressource des méchans, que le Département s'est rendu sourd aux acclamations de reconnoissance et de bénédictions qui retentissent dans la Capitale et dans toute la France, sur la prudente fermeté de la Municipalité. Dans cet instant de crise, le Département n'a pas craint de frapper de paralysie morale des Magistrats qui ont épargné le sang du peuple : disons mieux, le sang des pervers, dont le peuple se seroit fait peut-être une justice terrible, si la Municipalité eût écouté la voix des scélérats qui, de loin par prudence, agitoient les brandons de la guerre civile.

Si le Maire et le Procureur de la Commune sont coupables de n'avoir pas déployé le signe de mort sur la Capitale, nous sommes tous leurs complices; nous avons commis le même crime; et nous venons solliciter l'honneur de partager leur punition.

Jugez-les , jugez-nous , Messieurs ! les pièces de ce procès sont sous vos yeux. La Capitale , tranquille et délivrée des craintes de la mort; la France entière, qui va s'unir à vous par les saints nœuds de la Fédération, ne doit pas nous trouver dans un état de deuil et d'incertitude, mais dans une attitude digne des Fédérés français et de nous, qui sommes chargés de les recevoir.

OSSELIN, MOUCHET , PATRIS , THERRIN, LEFEBVRE, GROUVELLE , CHAMBON , GUIARD, MOLLARD , HÛ, THOMAS , BIDERMANN , BOUCHER , RAFRON.

DE L'IMPRIMERIE NATIONALE.